Vorwort

Wer an Pudding denkt, muss meistens an Essen aus
Omas Zeiten denken. Inzwischen gibt es aber viele
interessante Variationen der Gestaltung eines
ansprechenden Puddings. Ganz ohne Zugabe von
Pudding Tütchen, mit vielen neuen Ideen.
In Verbindung mit dem neuen Thermomix TM5 gelingt
alles schnell und klümpchenfrei, ohne Anbrennen.

Ich wünsche Ihnen viel Spaß beim Nachkochen.

Inhaltsangabe

Aprikosen Pudding
Bananen Zimt Pudding
Schokoladen Avocado Bananen Pudding
Vanille Sahne Creme
Kürbispüree mit Sahne Pudding
Keks Pudding
Marzipan Orangen Pudding
Schoko Sahne Verführung
Zimt Pudding
Rotwein Pudding
Veganer Bananen Pudding
Quark Pudding mit Erdbeerhaube
Eierlikör Pudding
Orangen Pudding
Veganer Mandelpudding
Erdbeer Pudding
Schoko Bananen Pudding
Erdnussbutter Mango Pudding
Kokos Rum Pudding
Mohn Pudding
Himbeere Pudding
Milchkaffee Traum
Honig Tee Pudding
Multivitamin Pudding

Marzipan Pudding
Kokosmilch Pudding mit Himbeeren
Zimt Apfel Pudding
Lebkuchen Pudding

Nachtrag zum Impressum/
Copyright

Aprikosen Pudding

Zutaten
100 g Aprikosen in Hälften
200 g Buttermilch
300 g Milch
1 Pck. Vanille Zucker
42 g Speisestärke
10 g Butter
80 g Zucker

Zubereitung
Zuerst das Obst in den Mixtopf geben. Auf Stufe 10 / 5
Sekunden zerkleinern. Nun die übrigen Zutaten
hinzugeben. Nochmals auf Stufe 10 / 5 Sekunden
zerkleinern. Auf Stufe 2 / 100 Grad / 8 Minuten kochen.
Umfüllen und erkalten lassen. Guten Appetit!

Bananen Zimt Pudding

Zutaten
1 große Banane in Stücken
450 g Milch
50 g Sahne
½ TL Zimt
1 Pck. Vanille Zucker
35 g Speisestärke
10 g Butter
70 g Zucker

Zubereitung
Zuerst das Obst in den Mixtopf geben. Auf Stufe 10 / 5
Sekunden zerkleinern. Das Obst eventuell mit dem Spatel
nach unten schieben. Nun die übrigen Zutaten
hinzugeben. Nochmals auf Stufe 10 / 5 Sekunden
zerkleinern. Auf Stufe 2 / 100 Grad / 8 Minuten kochen.
Umfüllen und erkalten lassen. Guten Appetit!

Schokoladen Avocado Bananen Pudding

Zutaten
1 Banane in Stücken
Das Fleisch einer halben Avocado
30 g Kakao
1 Prise Pfeffer
500 g Milch
1 Pck. Vanille Zucker
40 g Speisestärke
1 Prise Salz
80 g Zucker

Zubereitung
Zuerst das Obst und das Avocado Fleisch in den Mixtopf geben. Auf Stufe 10 / 5 Sekunden zerkleinern. Nun die übrigen Zutaten hinzugeben. Nochmals auf Stufe 10 / 5 Sekunden zerkleinern. Auf Stufe 2 / 100 Grad / 8 Minuten kochen. Umfüllen und erkalten lassen. Guten Appetit!

Vanille Sahne Creme

Zutaten
300 g Milch
200 g Sahne
Mark einer Vanille Schote
35 g Speisestärke
10 g Butter
80 g Zucker

Zubereitung
Alle Zutaten in den Mixtopf geben. Auf Stufe 10 / 5
Sekunden mischen. Auf Stufe 2 / 100 Grad / 8 Minuten
kochen. Umfüllen und erkalten lassen. Mit Obst oder
Müsli dekorieren. Guten Appetit!

Kürbispüree mit Sahne Pudding

Zutaten
Pudding
200 g Sahne
300 g Milch
1 Pck. Vanille Zucker
35 g Speisestärke
10 g Butter
80 g Zucker

Püree
200 g Kürbis, gekocht
1 EL Zucker
1 MSP Bindobin

Dekoration
1 Hand voll Kürbiskerne

Zubereitung
Alle Zutaten für den Pudding in den Mixtopf einfüllen.
Auf Stufe 2 / 100 Grad / 8 Minuten kochen. Umfüllen
und erkalten lassen.
Kürbis und Zucker in den Topf füllen. Bindobin
hinzugeben und auf Stufe 10 / 10 Sekunden mischen.
Dessert aufschichten. Ein paar Kürbiskerne darüber
streuen.
Guten Appetit!

Keks Pudding

Zutaten
300 g Milch
200 g Sahne
100 g Kekse
Mark einer Vanille Schote
35 g Speisestärke
30 g Butter
80 g Zucker

Zubereitung
Alle Zutaten in den Mixtopf geben. Auf Stufe 10 / 5 Sekunden mischen. Auf Stufe 2 / 100 Grad / 8 Minuten kochen. Umfüllen und erkalten lassen. Mit Obst oder Müsli dekorieren. Guten Appetit!

Marzipan Orangen Pudding

Zutaten
500 g Milch
100 g Marzipan Rohmasse
Saft einer Orange
1 EL Orangenschale, gerieben
40 g Speisestärke
10 g Butter
80 g Zucker

Zubereitung
Alle Zutaten in den Mixtopf geben. Auf Stufe 10 / 5
Sekunden mischen. Auf Stufe 2 / 100 Grad / 8 Minuten
kochen. Umfüllen und erkalten lassen. Mit Obst oder
Müsli dekorieren. Guten Appetit!

Schoko Sahne Verführung

Zutaten
Schokopudding
500 g Milch
1 Pck. Vanille Zucker
40 g Speisestärke
10 g Butter
80 g Zucker
100 g Schokolade in Stücken

Sahnepudding
100 g Sahne
150 g Milch
15 g Speisestärke
30 g Zucker

Zubereitung
Die Zutaten für den Schokopudding in den Mixtopf
geben. Nochmals auf Stufe 10 / 5 Sekunden vermischen.
Auf Stufe 2 / 100 Grad / 8 Minuten kochen. Umfüllen
und erkalten lassen.

Nun die Zutaten für den Sahnepudding einfüllen. Auf
Stufe 2 / 100 Grad / 4,5 Minuten erhitzen. Erkalten lassen.
Das Dessert schichten und genießen.

Zimt Pudding

Zutaten
300 g Milch
200 g Sahne
1 TL Zimt
1 Prise Pfeffer
1 Prise Salz
1 EL Kakao
Mark einer Vanille Schote
35 g Speisestärke
10 g Butter
80 g Zucker

Zubereitung
Alle Zutaten in den Mixtopf geben. Auf Stufe 10 / 5
Sekunden mischen. Auf Stufe 2 / 100 Grad / 8 Minuten
kochen. Umfüllen und erkalten lassen. Mit Obst oder
Müsli dekorieren. Guten Appetit!

Rotwein Pudding

Zutaten
200 g Milch
200 g Sahne
100 g Rotwein
Mark einer Vanille Schote
40 g Speisestärke
30 g Butter
80 g Zucker

Zubereitung
Alle Zutaten in den Mixtopf geben. Auf Stufe 10 / 5
Sekunden mischen. Auf Stufe 2 / 100 Grad / 8 Minuten
kochen. Umfüllen und erkalten lassen. Mit Obst oder
Müsli dekorieren. Guten Appetit!

Veganer Bananen Pudding

Zutaten
100 g Bananen in Stücken
500 g Soja oder Mandelmilch
1 Pck. Vanille Zucker
35 g Speisestärke
70 g Honig

Zubereitung
Zuerst das Obst in den Mixtopf geben. Auf Stufe 10 / 5 Sekunden zerkleinern. Nun die übrigen Zutaten hinzugeben. Nochmals auf Stufe 10 / 5 Sekunden zerkleinern. Auf Stufe 2 / 100 Grad / 8 Minuten kochen. Umfüllen und erkalten lassen. Guten Appetit!

Quark Pudding mit Erdbeerhaube

Zutaten
Quark Pudding
500 g Quark
50 g Sahne
80 g Zucker
1 Pck. Vanille Zucker
½ MB Bindobin

Erdbeerhaube
400 g Erdbeeren
60 g Zucker
½ MB Bindobin

Sprühsahne

Zubereitung
Alle Zutaten für den Quark Pudding in den Mixtopf geben und auf Stufe 5 / 20 Sekunden mischen. Umfüllen und den Topf säubern. Nun die Zutaten für die Erdbeerhaube in den Topf geben und auf Stufe 10 / 20 Sekunden mischen. Das Dessert schichten, etwas Sahne aufsprühen und genießen.

Eierlikör Pudding

Zutaten
300 g Milch
200 g Sahne
100 g Eierlikör
Mark einer Vanille Schote
43 g Speisestärke
10 g Butter
80 g Zucker

Zubereitung
Alle Zutaten in den Mixtopf geben. Auf Stufe 10 / 5
Sekunden mischen. Auf Stufe 2 / 100 Grad / 8 Minuten
kochen. Umfüllen und erkalten lassen. Mit Obst oder
Müsli dekorieren. Guten Appetit!

Orangen Pudding

Zutaten
100 g Orangen, geschält
200 g Buttermilch
300 g Milch
1 Pck. Vanille Zucker
42 g Speisestärke
10 g Butter
80 g Zucker

Zubereitung
Zuerst das Obst in den Mixtopf geben. Auf Stufe 10 / 5
Sekunden zerkleinern. Nun die übrigen Zutaten
hinzugeben. Nochmals auf Stufe 10 / 5 Sekunden
zerkleinern. Auf Stufe 2 / 100 Grad / 8 Minuten kochen.
Umfüllen und erkalten lassen. Guten Appetit!

Veganer Mandel Pudding

Zutaten
100 g Mandeln
500 g Mandelmilch
1 Pck. Vanille Zucker
38 g Speisestärke
20 g Pflanzenöl
60 g Honig

Zubereitung
Zuerst die Mandeln in den Mixtopf geben. Auf Stufe 10 /
30 Sekunden zerkleinern. Nun die übrigen Zutaten
hinzugeben. Nochmals auf Stufe 10 / 5 Sekunden
zerkleinern. Auf Stufe 2 / 100 Grad / 8 Minuten kochen.
Umfüllen und erkalten lassen. Guten Appetit!

Erdbeer Pudding

Zutaten
100 g Erdbeeren
500 g Milch
5 g Balsamico
1 Pck. Vanille Zucker
42 g Speisestärke
10 g Butter
80 g Zucker

Zubereitung
Zuerst das Obst in den Mixtopf geben. Auf Stufe 10 / 5
Sekunden zerkleinern. Nun die übrigen Zutaten
hinzugeben. Nochmals auf Stufe 10 / 5 Sekunden
zerkleinern. Auf Stufe 2 / 100 Grad / 8 Minuten kochen.
Umfüllen und erkalten lassen. Guten Appetit!

Schoko Bananen Pudding

Zutaten
100 g Bananen in Stücken
40 g Kakao
200 g Sahne
300 g Milch
1 Pck. Vanille Zucker
42 g Speisestärke
10 g Butter
80 g Zucker

Zubereitung
Zuerst das Obst in den Mixtopf geben. Auf Stufe 10 / 5 Sekunden zerkleinern. Nun die übrigen Zutaten hinzugeben. Nochmals auf Stufe 10 / 5 Sekunden zerkleinern. Auf Stufe 2 / 100 Grad / 8 Minuten kochen. Umfüllen und erkalten lassen. Guten Appetit!

Erdnussbutter Mango Pudding

Zutaten
100 g Mango, geschält
100 g Sahne
400 g Milch
1 Pck. Vanille Zucker
42 g Speisestärke
50 g Erdnussbutter
80 g Zucker

Zubereitung
Zuerst das Obst und die Erdnussbutter in den Mixtopf geben. Auf Stufe 10 / 5 Sekunden zerkleinern. Nun die übrigen Zutaten hinzugeben. Nochmals auf Stufe 10 / 5 Sekunden zerkleinern. Auf Stufe 2 / 100 Grad / 8 Minuten kochen. Umfüllen und erkalten lassen. Guten Appetit!

Kokos Rum Pudding

Zutaten
100 g Kokosraspeln
500 ml Kokosmilch
50 g Rum
1 Pck. Vanille Zucker
42 g Speisestärke
10 g Butter
80 g Zucker

Zubereitung
Zuerst die Kokosraspeln in den Mixtopf geben. Auf Stufe
10 / 5 Sekunden zerkleinern. Nun die übrigen Zutaten
hinzugeben. Nochmals auf Stufe 10 / 5 Sekunden
zerkleinern. Auf Stufe 2 / 100 Grad / 8 Minuten kochen.
Umfüllen und erkalten lassen. Guten Appetit!

Mohn Pudding

Zutaten
300 g Milch
200 g Sahne
30 g Mohn
50 g Rosinen
Mark einer Vanille Schote
35 g Speisestärke
10 g Butter
80 g Zucker

Zubereitung
Alle Zutaten in den Mixtopf geben. Auf Stufe 10 / 5
Sekunden mischen. Auf Stufe 2 / 100 Grad / 8 Minuten
kochen. Umfüllen und erkalten lassen. Mit Obst oder
Müsli dekorieren. Guten Appetit!

Himbeer Pudding

Zutaten
100 g Himbeeren
200 g Buttermilch
300 g Milch
1 Pck. Vanille Zucker
42 g Speisestärke
10 g Butter
80 g Zucker

Zubereitung
Zuerst das Obst in den Mixtopf geben. Auf Stufe 10 / 5
Sekunden zerkleinern. Nun die übrigen Zutaten
hinzugeben. Nochmals auf Stufe 10 / 5 Sekunden
zerkleinern. Auf Stufe 2 / 100 Grad / 8 Minuten kochen.
Umfüllen und erkalten lassen. Guten Appetit!

Milchkaffee Traum

Zutaten
2 EL Instantkaffee
500 g Milch
1 Pck. Vanille Zucker
35 g Speisestärke
10 g Butter
80 g Zucker

200 g geschlagene Sahne

Zubereitung
Alle Zutaten außer der geschlagenen Sahne in den
Mixtopf geben. Auf Stufe 2 / 100 Grad / 8 Minuten
kochen. Umfüllen und erkalten lassen.
Mit der Sahne garnieren.
Guten Appetit!

Honig Tee Pudding

Zutaten
100 g Schwarztee
200 g Sahne
200 g Milch
1 Pck. Vanille Zucker
42 g Speisestärke
10 g Butter
80 g Honig

Zubereitung
Alle Zutaten in den Mixtopf einwiegen. Auf Stufe 2 / 100
Grad / 8 Minuten kochen. Umfüllen und erkalten lassen.
Guten Appetit

Multivitamin Pudding

Zutaten
300 g Multivitamin Saft
200 g Sahne
1 EL abgeriebene Schale einer
Bio Zitrone
40 g Speisestärke
50 g Zucker

Zubereitung
Alle Zutaten in den Mixtopf geben. Auf Stufe 10 / 5
Sekunden mischen. Auf Stufe 2 / 100 Grad / 8 Minuten
kochen. Umfüllen und erkalten lassen. Mit Obst oder
Müsli dekorieren. Guten Appetit!

Marzipan Pudding

Zutaten
100 g Marzipanrohmasse
1 Fläschchen Bittermandelaroma
200 g Sahne
300 g Milch
1 Pck. Vanille Zucker
38 g Speisestärke
10 g Butter
80 g Zucker

Zubereitung
Zuerst das Marzipan in den Mixtopf geben. Auf Stufe 10 / 5 Sekunden zerkleinern. Nun die übrigen Zutaten hinzugeben. Nochmals auf Stufe 10 / 5 Sekunden zerkleinern. Auf Stufe 2 / 100 Grad / 8 Minuten kochen. Umfüllen und erkalten lassen. Guten Appetit!
en Appetit!

Kokosmilch Pudding mit Himbeeren

Zutaten
500 g Kokosmilch
1 Pck. Vanille Zucker
42 g Speisestärke
80 g Zucker

Dekoration
150 g Himbeeren in etwas Zucker wälzen

Zubereitung
Alle Zutaten außer den Himbeeren hinzugeben.
Nochmals auf Stufe 10 / 5 Sekunden mischen. Auf Stufe
2 / 100 Grad / 8 Minuten kochen. Umfüllen und erkalten
lassen. Mit den Himbeere dekorieren. Guten Appetit!

Zimt Apfel Pudding

Zutaten
100 g Äpfel in Stücken
400 g Milch
100 g Sahne
½ TL Zimt
1 Pck. Vanille Zucker
42 g Speisestärke
10 g Butter
80 g Zucker

Zubereitung

Zuerst das Obst in den Mixtopf geben. Auf Stufe 10 / 5 Sekunden zerkleinern. Nun die übrigen Zutaten hinzugeben. Nochmals auf Stufe 10 / 5 Sekunden zerkleinern. Auf Stufe 2 / 100 Grad / 8 Minuten kochen. Umfüllen und erkalten lassen. Eventuell mit Zimtzucker bestreuen. Guten Appetit!

Lebkuchen Pudding

Zutaten
300 g Milch
200 g Sahne
1 TL Lebkuchen Gewürz
!/2 TL Zimt
1 EL Kakao
Mark einer Vanille Schote
35 g Speisestärke
10 g Butter
80 g Zucker

Zubereitung
Alle Zutaten in den Mixtopf geben. Auf Stufe 10 / 5
Sekunden mischen. Auf Stufe 2 / 100 Grad / 8 Minuten
kochen. Umfüllen und erkalten lassen. Mit Obst oder
Müsli dekorieren. Guten Appetit!

Nachtrag zum Impressum/

Copyright

Shutterstock-com
  - Dotschok
  - Africa Studio
  - Amalia Eka
  - Davidovic
  - FomaA
  - Jörg Beuge
  - Kolesova
  - Mara ZE
  - Markova
  - Rainbow 33
  - Sabyna 75
  - Schurfrych

Herstellung und Verlag:
BoD - Books on Demand, Norderstedt
ISBN 978-3-7347-5517-0